Daniel

Daniel

A SHORT STORY

BILL VANPATTEN

Cover design by Adam Gammons

ISBN-978 1070264 530

Printed in the United States.

INPUT AND MORE

DEDICATION

This story is dedicated to all young people who struggle or have struggled to fit in. It always gets better.

Daniel

Debemos perdonar siempre, recordando que nosotros mismos hemos necesitado el perdón.

— *Papa Juan Pablo II*

Hay episodios del pasado que es mejor dejar atrás.

—— *Heinz Trixner*

Our visions begin with our desires.

—*Audre Lorde*

PRÓLOGO

TENGO VISIONES. NO sé de dónde vienen.

Pero vienen.

No son como películas. No tienen comienzo, medio y fin. Más bien son como fotos. Fotos de personas. Fotos de escenas. Escenas aisladas. Escenas congeladas en un momento específico.

La mayoría son benignas—visiones de objetos inanimados. Un edificio alto en el centro de la ciudad. Una casa en los suburbios. Un letrero que dice NO STOPPING HERE o FORM ONE LINE. No sé qué representan. Posiblemente no representan nada.

Otras visiones son inquietantes. Estas visiones son de personas. Como la visión de la mujer rubia. . . Pero de eso voy a hablar más tarde.

Ocurren cuando no las espero. Ocurren durante el día. Ocurren durante la noche. Camino por Halsted y tengo una visión. Tomo el tren y tengo una visión. Estudio en Starbucks y tengo una visión. Me ducho y tengo una visión.

Así ocurren. Sin mi permiso. Cuando no las espero. Vienen cuando quieren.

Son unos intrusos.

ME LLAMO DANIEL Peña. Vivo en Chicago. Este año me gradúo de la Universidad de Illinois en Chicago. Mi campo es la biología. Tengo planes para realizar estudios avanzados en la genética. Pero no sé. Las visiones me preocupan. Me distraen.

Vengo de una familia humilde, de la zona llamada Pilsen al sur de la Universidad de Illinois en Chicago. Soy el primero de mi familia en sacar un diploma universitario. Mi abuela, mis tíos, mis primos—todos me dicen "el estudioso" o "el sabio." Para ellos, soy algo extraño, algo diferente. Nadie más en mi familia tiene diploma universitario. Pero todos están orgullosos de mí. Cuando mi abuela habla con las vecinas, dice, "Daniel es el astuto de la familia. Va a alcanzar muchas cosas grandes."

Vamos a ver. Muchas veces es difícil concentrarme. Las visiones vienen sin anuncio. Como dije, no tienen mi permiso.

Son unos intrusos.

SEGMENTO 1

LA VIDA SE COMPLICA

TENGO VEINTIDÓS AÑOS. Según todos, soy joven. Apenas comienza mi vida, como dice mi abuela. Sin embargo a veces pienso en mi niñez—como una persona mayor viendo fotos en un álbum.

La vida es fácil durante la niñez, ¿no? ¿Qué preocupaciones tiene un niño? ¿Ir a la escuela? ¿Ver televisión con la familia en la noche? ¿Jugar con los primos en la calle en el verano? ¿Decidir entre vainilla y chocolate al comprar un helado?

Sí, la vida de un niño es fácil. Pero la vida se complica.

UN DÍA TRABAJABA en el laboratorio de mi profesor. Cuando trabajo allí, me encuentro tranquilo. El laboratorio es un mundo que comparto con tres personas más, un mundo aislado del resto del planeta. Pero ese día, se rompió la tranquilidad. Yo metía información sobre un experimento en la computadora. De repente, la visión de una mujer rubia me paralizó. Fue como una foto, suspendida delante de mis ojos. Duró unos segundos.

Y luego, ¡puf! Se evaporó.

Pero la imagen de la mujer se grabó en mi memoria. Recuerdo sus ojos. Ojos de color azul-gris, como el Lago de Michigan en un día nublado. Ojos tristes. Dos pequeños lagos de remordimiento.

VIVO CON MI abuela porque mis padres murieron en un accidente automovilístico. Regresaban de un viaje a Wisconsin cuando un hombre que manejaba borracho chocó con ellos. Según la policía, el carro de mis padres volteó varias veces a causa del impacto.

Pero por eso no murieron.

Cuando por fin dejó de voltear el carro, un conductor de un camión semi no pudo frenar a tiempo y el camión chocó también con el carro de mis padres. Lo arrastró unos quinientos pies. Cuando por fin se detuvo, el carro de mis padres parecía una lata apretada, según la policía. Dicen que mis padres murieron casi al instante, que no sufrieron mucho. En fin, miles de toneladas de metal con la ayuda del alcohol me dejaron huérfano a los trece años.

El otro conductor también murió. Salió del carro para ver qué pasó y otro carro dio con él. Una mujer lo acompañaba. A veces me pregunto cómo fue su vida después de saber qué pasó, después de saber que su marido mató a mis padres. ¿Qué siente ella?

Mi abuela ya era viuda entonces. Mi abuelo había muerto de cáncer unos años antes. Le daba gusto a mi abuela tener otra persona en la casa, alguien a quien podía criar, mimar. Me dijo, "Eres de mi carne y hueso. Eres mi familia. Ahora eres mi hijo."

Recuerdo el día del funeral de mis padres. No lloré durante la ceremonia. Pero cuando regresamos a la casa de mi abuela, fui directamente a mi cuarto. Agarrando la almohada para tapar el sonido de mi sollozo, dejé que el dolor me consumiera. Fue la última vez que lloré.

Sí, la vida se complica después de la niñez.

SEGMENTO 2

COMO LA PALMA
DE MI MANO

NO SÉ POR qué pero después de la visión en el laboratorio decidí apuntar lo que vi. Abrí mi laptop y escribí lo siguiente.

- mujer de unos 40+ años
- rubia, gringa
- ojos azules, casi grises
- estatura regular, un poco delgada
- vestida para el trabajo (blusa, falda, chaqueta)
- expresión triste

También recordaba que en la visión la mujer caminaba por la avenida Michigan. Lo sabía porque detrás de ella estaba la entrada a Saks. Anoté eso. Y luego algo me empujó a escribir algo más.

- no sé quién es, pero se me hace que es alguien que debo conocer

EL DÍA DESPUÉS de la visión yo estaba en la mesa de la cocina. Mi abuela calentaba tortillas para el desayuno. Dio la vuelta y me vio estudiando lo que había escrito sobre la mujer rubia. Caminó hacia la mesa. Me recordaba a mi mamá: pequeña pero con una fuerza interna, una mujer que siempre caminaba erecta, segura de sí misma. Mi abuela llevaba su pelo gris corto. Me dijo que así era más fácil cuidarlo. "Por qué pasar tanto tiempo arreglando el pelo, ¿verdad?," era algo que siempre decía.

"Lito," dijo, poniendo las tortillas en la mesa. Siempre me dice Lito, la forma abreviada de Danielito. "Se te está enfriando el desayuno." Miré mi plato de huevos con frijoles. No los había tocado.

"¿Qué te tiene tan ocupado?" Hizo un gesto con la cabeza para indicar lo que yo leía en mi laptop.

"Nada," dije, cerrando el laptop y empujándolo al lado. "Solo algo para el laboratorio."

Me miró con ojos sospechosos. Mi abuela y yo compartimos el mismo cumpleaños y ella siempre dice que eso nos une de una manera especial. Quizás tiene razón.

"Nada, ¿eh?," dijo.

La miré a los ojos. En seguida supe que no la engañaba.

"Mira," me dijo, con su vista firmemente fija en mí. "Soy tu abuela. ¿Cuántos años llevamos bajo el mismo techo? Te conozco como la palma de mi mano."

Vacilé. ¿Debería decirle algo?

"Lo veo en tus ojos," añadió. "Algo quieres decir. No sé por qué no confías en mí."

"Abuela, no es eso. Es que…."

Siguió mirándome, intentando penetrarme, llegar hasta los lugares más remotos de mis pensamientos. Así son las abuelas. Cuando vives con tu abuela, no tienes privacidad.

"Como dije," siguió, "te conozco como la palma de mi mano." Siguió mirándome por un momento, sus ojos de color café—iguales a los míos—probando mi cara en busca de una señal de lo que pensaba yo en ese momento. Pero disimulé. Algo dentro de mí no quiso revelar lo que me pasaba, lo de mis visiones.

"¿Qué es?" preguntó. "¿Un chico?"

Le eché una mirada de reproche. "¡Abuela!"

Pero ella no dijo nada. Al rato dejó escapar un respiro. "Cuando estés listo, me vas a decir lo que te preocupa." Regresó a sus tortillas.

Poco después salí para la universidad. En el autobús abrí un libro para revisar material para una clase pero no pude concentrarme. Mi vista flotaba por la ventana. Veía pasar las puertas a las entradas de los negocios de mi barrio. Era un caleidoscopio de colores y formas. Veía vehículos aparcados, todos vacíos, esperando a sus dueños. Veía a gente caminando a Dios-sabe-dónde. Todo parecía normal y cotidiano—el mundo haciendo lo que el mundo hace.

Pero la imagen de la mujer rubia invadió mis pensamientos: *Se me hace que es alguien que debo conocer...*

SEGMENTO 3

UN ENCUENTRO

EL DÍA FUE regular. Nada extraordinario me pasó—hasta irme de la universidad. Salía del edificio y caminaba por Taylor Street hacia la parada de autobús. Como siempre, había personas que iban y venían, todos ocupados con sus propias vidas. Algunos hablaban en sus celulares. Otros caminaban mientras texteaban con sus amigos o familiares. Y otros caminaban con los audífonos puestos, escuchando música, podcasts, o quién sabe qué.

Yo caminaba medio ocupado, pensando en la conversación con mi abuela y si debería explicarle lo que me pasaba. No tenía idea de cómo comenzar la conversación: *Uh, abuela. Tengo visiones. . .* Decir algo así en voz alta es casi decir que uno está loco.

Mientras caminaba y pensaba en estas cosas, el mundo se disolvió en la imagen de la mujer rubia. Me detuve en medio del paseo. Su cara flotaba en frente de mí, sus ojos tristes, casi vacantes. Otra vez ella estaba en la Avenida Michigan, en frente de Saks. Y de repente cambió la visión. Ahora sus ojos estaban cerrados. Un riachuelo de sangre corría por su frente.

Luego, como la última vez—como casi todas las veces cuando se me ocurren las visiones—se evaporó.

"Hey, dude. Are you okay?" Un chico se paró cuando me vio en un trance.

"Oh, yeah. Yeah, thanks. I'm fine."

Con una sonrisa el chico dijo, "For a minute there you looked gone. Whacked out or something." Sus ojos me tanteaban. Y luego me preguntó en español, "¿De veras estás bien?"

"Sí. No te preocupes."

Extendió la mano. "Soy Roberto." Extendí mi mano y le dije mi nombre. "No nos conocemos," dijo, "pero te veo de vez en cuando. Tomamos el mismo autobús. Si quieres te acompaño a la parada."

Asentí con la cabeza. "Sí, está bien."

En unos momentos llegó el autobús y los dos subimos. Roberto se sentó a mi lado.

"Estudio diseño gráfico," dijo. "¿Y tú?"

"Biología. Me interesa mucho la genética."

"A scientist! Wow. You some kind of nerd?" Me ofreció una sonrisa para indicar que hablaba en broma. Respondí que mi plan era seguir estudios posgrados y quizás trabajar en la investigación médica.

"Eres un poco serio," dijo. "Eso te va bien."

Fruncí el ceño. "¿Serio? ¿Te parece que soy serio?"

"Hombre," dijo, "pues dije que te veo en el autobús de vez en cuando. Muchas veces parece que estás en otro mundo, como que estás soñando despierto."

"Ah, entonces quieres decir que me estudias. . ." Esta vez yo ofrecí una pequeña sonrisa.

"Quizás," dijo. "Quizás." Él también sonrió. Y en esa sonrisa vi alegría. Vi el calor del día—el sol, el cielo azul, el futuro. Desde que mis padres murieron, este tipo de sensación era rara para mí.

Pasamos el resto del tiempo hablando de esas cosas que hablan las personas cuando primero se conocen. Me dijo que desde niño le había gustado dibujar y crear en papel imágenes y durante el high school decidió que el diseño gráfico era la opción más obvia para sus estudios. Vivía con sus padres a unas cuadras de mi casa.

"Es raro," dijo. "Casi somos vecinos y no nos conocimos hasta hoy, saliendo de la universidad."

"Pues mi abuela me mandó a la escuela católica después de la muerte de mis padres," dije. "No fui a la escuela pública. Y antes no viví en el barrio."

"Lo siento," dijo, un poco solemne.

"¿Qué sientes?"

"La muerte de tus padres. Me imagino que fue difícil."

"Sí," dije, "pero, uno no puede vivir en el pasado, ¿no?" Hubo un momento de silencio. De repente Roberto habló.

"Dame tu celular."

No entendí.

"Dude. Just give me your phone, OK?"

Saqué mi celular y se lo extendí. Lo agarró y empezó a marcar un número. Luego colgó y entró su nombre.

"Ahora tienes mi número," dijo.

Vi su nombre. Roberto Rodríguez. Sonreí y le di las gracias.

"No me des las gracias, Daniel. Quiero que me hables. Para salir a tomar algo o cenar. Or just to hang out, you know." Me miraba con ojos serios. "Pues, esta es mi parada. Nos vemos. Me vas a hablar, ¿okey?"

"Sí, sí. Te hablo." Se levantaba para irse pero lo paré. "Me gustó mucho pasar este tiempo contigo, Roberto."

"Dime 'Bobby'. Así me dicen los familiares y amigos." Y antes de salir añadió, "Y a mí me gustó mucho también." Luego bajó y desapareció por las puertas del autobús.

Desde mi asiento lo vi caminar por la calle, su mochila colgada de su hombro derecho. Sonreí. La imagen de la mujer rubia quedaba muy lejos de mis pensamientos.

SEGMENTO 4

LOS SECRETOS SON COMO GUSANOS

ESA NOCHE, MI abuela me observaba después de la cena. Estábamos en el living. Era viernes y teníamos la costumbre de ver una película en DVD juntos. Pero ella me miraba más a mí que la televisión.

"¿Por qué me estás mirando?" le pregunté.

"Estoy esperando."

"¿Qué estás esperando?"

"Que me digas lo que te pasa. Como te dije esta mañana, te conozco como la palma de mi mano." Hizo una pausa y luego agregó, "Si no es un chico, ¿qué es?"

Dejé escapar un suspiro. "Abuela, no es un chico—aunque hoy conocí a uno en la parada de autobús."

"¡Ajá! Lo sabía."

"No es lo que estás pensando," dije. "Acabo de conocerlo. Me parece buen chico y, pues, me gustaría conocerlo un poco más."

"Entonces, ¿cuál es el problema?" preguntó. El tono de su voz era objetivo, una simple pregunta.

"No hay un problema, abuela. Por lo menos, no con él." En mi cabeza, las ideas nadaban sin fin. ¿Decirle o no decirle? ¿Decirle qué exactamente? ¿Qué pensaría ella? Mi abuela agarró el mando e hizo pausa en la película. Luego me habló.

"Lito. Los secretos son como gusanos. Invaden tu mente, tu corazón. Allí viven. Te comen despacio. ¿Entiendes?"

Vacilé. *Tarde o temprano*, pensé.

"Lo que me pasa no tiene nada que ver con este chico," comencé. "Como dije, me parece buena persona y quiero conocerlo más. Ya sabes que no salgo mucho." Ella asintió con la cabeza. "Es que, pues, últimamente—wow, es difícil decir esto en voz alta." Tragué saliva. "Pues, em, tengo visiones."

Mi abuela frunció el ceño.

"Son como fotos que aparecen de repente. Entro en un trance. El mundo se disuelve y solo veo lo que aparece." Ella siguió mirándome y ahora que yo hablaba, no pude parar.

"La mayoría de las veces veo objetos o lugares. No me parecen nada. Pero recientemente me está dando visiones de una mujer. Una mujer rubia, gringa. No sé quién es pero las visiones vienen acompañadas de una sensación—no, algo más bien como un pensamiento." Hice una pausa.

"¿Y?"

"Pues, siento que debería buscar a esa mujer. Conocerla."

"¿Cuántas veces has visto a esta mujer?"

"No sé. Tres, creo."

Mi abuela me miró sin hablar. Después agarró el mando de nuevo. Sin mirarme me dijo, "Mañana llamo a Marisela Benito."

"¿Quién es?"

"Una curandera." La película comenzó de nuevo.

¿Una curandera? "Grandma, ¿crees que estoy enfermo?"

Me miró. "No seas tonto. Claro que no estás enfermo." Y luego añadió, "Ella también tiene visiones," dijo mi abuela, interrumpiendo. "Posiblemente te ayuda. Eso es todo. Vamos a ver la película."

Pero ya perdí interés. Una curandera. Con visiones. Para ayudarme. No sabía qué pensar.

SEGMENTO 5

ME GUSTAS

COMO ERA SÁBADO, ayudé a mi abuela con unos quehaceres por la casa en la mañana. Después que limpié el baño, decidí echarle un grito a Bobby.

"Hola," dije. "Soy Daniel."

"Hola. ¿Qué hubo?" Aunque no lo veía pude notar la alegría en su voz.

"Mira. ¿Quieres ir a tomar un café esta tarde?"

Bobby no tardó en responder. "Por supuesto. ¿Cuándo?" Le dije que a las dos de la tarde. "Perfecto," dijo. "Oye. Tengo que ir a Bloomingdales. Si quieres, podemos encontrarnos en el Starbucks en la esquina de Rush y Oak. Y después puedes acompañarme."

"Está bien," dije. Nos despedimos y sonreí. La verdad era que no salía mucho. Mi vida social era inexistente. Y con las visiones, otras cosas me preocupaban. Pero algo de este chico me atraía. No quiero decir físicamente, aunque sí era guapo. Era casi de mi estatura, con pelo moreno, ojos oscuros como dos aceitunas y una sonrisa que brillaba como el sol. Cuando digo que algo de Bobby me atraía quiero decir algo en sus ojos. Algo interior.

Desde el pasillo mi abuela se aclaró la garganta. "¿Una cita?" preguntó.

"Ya te dije que quería conocer más a este chico."

Entonces comenzó la interrogación de cómo se llamaba, dónde vivía, cuántos años tenía, qué estudiaba y cuándo lo iba a conocer ella.

"Ay, Grandma. No es para tanto. Me parece muy buen chico. ¿Cuándo vas a dejar de preocuparte por mí?"

Y sin vacilar dijo, "Nunca. Es mi trabajo." Se acercó y me dio un beso en la frente. Luego se volvió y entró a la cocina.

Otra vez, sonreí.

CUANDO LLEGUÉ AL Starbucks, Bobby me esperaba.

"Hola. ¡Qué bueno verte de nuevo!" me dijo. Nos abrazamos y luego ordenamos unos cafés y nos sentamos enfrente de una ventana con vista a la calle.

"¿Cómo te va la vida de científico?" me preguntó. Una risita se me escapó.

"Bien, bien. ¿Y la vida de diseñador?"

"Muy bien," contestó. "Pero paso demasiado tiempo a solas. Uno no diseña en grupo."

"Eso sí. Yo trabajo en un laboratorio. A veces estoy a solas. A veces hay otras personas. A los científicos nos gusta colaborar. De hecho, es necesario colaborar."

Bobby asintió con la cabeza. Hubo una pausa y luego dijo, "Tengo una pregunta." Otra pausa. "¿No tienes novio?"

"No," dije, ocultando mi sorpresa. No esperaba ese tipo de pregunta tan temprano en la conversación. "No tengo novio."

"Me sorprende," dijo Bobby.

"¿Te sorprende?"

"Sí. Eres tan simpático. Y muy guapo. Me imagino que hay muchos chicos interesados."

Sentí el color subir en mis mejillas. "Pues, no sé," dije. "Eso es muy amable de tu parte."

"No," continuó. "Es verdad." Tomó mis manos en las suyas y me miró a los ojos. "Apenas nos conocemos. Pero la verdad es, pues, me gustas. Tienes algo. No sé. . . algo especial. Lo puedo ver en tu cara." Sus ojos me tanteaban. Después de una pausa hablé.

"Tú también me gustas. Y también siento que tienes algo especial."

Pero el momento de alegría fue interrumpido cuando una mujer pasó por enfrente del Starbucks. Caminaba con propósito, con cierta rapidez—como que necesitaba llegar a un destino y la hora era tarde. Su pelo rubio rebotaba contra los hombros. Llevaba unos lentes de sol aunque el día estaba nublado. Pero aun con esos lentes la reconocí al instante.

Era la mujer de mis visiones.

Oí la voz de Bobby.

"¿Te pasa algo, Daniel?"

Pero no respondí. Mis ojos siguieron a la mujer hasta que desapareció de mi vista. Y luego todo se congeló. Una imagen remplazó el entorno. Ya no había gente que tomaba café. No había baristas. No había mesas y sillas. No estaba Bobby. Solo había una visión de esa mujer. La misma que antes. Un riachuelo de sangre corría por su frente.

"¿Daniel? ¿Daniel?"

Sentí la presencia de alguien.

"¿Daniel? ¿Daniel?"

"Huh? What?"

"Dude," dijo Bobby. "¿Qué pasó? Un momento me hablabas y de repente entraste a otro mundo. Fue como un trance."

"Oh, uh, disculpa." Sacudí la cabeza para aclarar mis pensamientos. "No es nada."

"¿Cómo que nada? Pensé que te daba un ataque o algo—como el otro día." Me acariciaba las manos.

"No," le dije, disimulando. "Es que vi a alguien en la calle que me parecía familiar."

"¿Seguro?"

"Seguro." Pero era una mentira.

Sentí un escalofrío correr por mi espalda.

SEGMENTO 6

ES UN TALENTO

PASÉ EL RESTO de la tarde con Bobby. De veras me caía muy bien. Me habló de su familia, de sus deseos, de sus inquietudes. Resulta que su papá es carpintero y su mamá costurera. Tiene dos hermanos—mayores. Uno trabaja con su papá y el otro es mecánico en un garaje.

"Es difícil," me dijo. "Soy el único en la familia con una inclinación académica y creadora. Mis hermanos se burlan de mí mucho."

"¿No están orgullosos tus papás de ti? ¿De lo que quieres hacer, del esfuerzo que haces?" le pregunté.

"No sé. Me apoyan," respondió, "pero no sé si me comprenden."

Al decirme él eso, me di cuenta de lo afortunado que era yo. Mi abuela y mi familia siempre hablaban bien de mí con sus amigos, con los vecinos. No solo me crié en un ambiente de amor y cariño sino también de mucho apoyo emocional.

Antes de despedirme de Bobby le dije, "Cada uno tiene su propio rumbo en la vida. No importa de dónde viene ni de qué familia. Tu destino es diferente a él de tus hermanos. Así es y nada más."

Sonrió cuando le dije eso y me abrazó.

"Eso es lo que te veo en los ojos," me dijo, casi susurrando a mi oído. "Eres de mucho corazón."

No respondí. Simplemente mantuve el abrazo. Y recordé cómo mis padres me abrazaban de niño.

CUANDO VOLVÍ A la casa, ya era tarde y se ponía el sol. Le había prometido a mi abuela que estaría para la cena.

"Por fin," me dijo cuando entré. Estaba en el living sentada en el sofá. En un sillón enfrente de ella había una mujer. Por su cara y figura, suponía que tenía entre cincuenta y sesenta años. Su pelo era una mezcla de negro y gris, todo atado en un moño. Su cara exhibía cierta tranquilidad y llevaba una leve sonrisa.

"Lito," dijo mi abuela, "quiero que conozcas a la señora Marisela Benito. Marisela, este es mi nieto, Daniel."

La mujer se levantó y extendió la mano. Me acerqué y extendí la mía.

"Mucho gusto," dije.

"Igualmente," dijo. Me estudiaba mientras le daba la mano. "Tu abuela me ha dicho muchas cosas buenas de ti."

"Gracias," dije. Ella se sentó y yo me senté al lado de mi abuela. "Me imagino que está aquí porque mi abuela le ha dicho lo que me está pasando estos días."

"Oh, sí," dijo. "Pero no te preocupes. No estoy aquí para curarte." Dejó salir una risita. "Estoy aquí porque tu abuela cree que necesitas una guía."

Miré a mi abuela y luego a la señora. "¿Guía?"

"Sí," dijo. "Más bien, necesitas ayuda. En comprender lo que te pasa."

Mi abuela se levantó. "Los dejo para que hablen con privacidad. Tengo que hacer unas cosas en la cocina. Marisela, te quedas para cenar con nosotros, ¿no?"

"Gracias," contestó. "No puedo. Mi familia me está esperando en casa."

"Pues, te preparo algo para llevarles. Una buena salsa." Y mi abuela se fue para la cocina. La señora quedó mirándome. Me aclaré la garganta.

"Mi abuela dice que usted tiene visiones, que ve cosas."

"Sí, Daniel. Y por favor. Dime Marisela. No hace falta tratarme de usted." Inclinó la cabeza a un lado, como un perro que escrudiña algo. "¿Quieres decirme lo que te está pasando?"

Dirigí la vista hacia el suelo. "No sé. Nunca he hablado de esto con nadie." La miré de nuevo.

"Intenta," dijo, su voz calma. "Como ya dije. Estoy aquí para ayudarte, nada más."

Y vi en sus ojos que decía la verdad. Me acomodé en el sofá.

"Comenzaron en el otoño." Y luego le expliqué todo. Me escuchó antentamente, urgiéndome de vez en cuando con un asentimiento de la cabeza. Cuando llegué a las visiones de la mujer rubia, vi cierta preocupación en la cara.

"¿Pasa algo?" le pregunté.

"No, no. Solo que se me hace que esta mujer es algo importante en tu vida. Sigue."

Recordé mis apuntes. *Se me hace que es alguien que debo conocer.*

"Tú también crees esto, ¿no, Daniel?" preguntó.

Asentí con la cabeza. "Y hay algo más." Me incliné hacia ella. "Hoy la vi en la calle." Marisela levantó una ceja. "Yo estaba con mi amigo en un Starbucks. La vi pasar por enfrente mientras tomábamos un café."

"¿Y?"

"Y luego tuve otra visión. De ella, con sangre en la cara. Mi amigo tuvo que sacarme del trance."

Marisela se levantó y vino a sentarse a mi lado.

"Daniel. Escúchame. Lo que tienes es un talento, un regalo. Aunque no lo reconozcas así. Algo o alguien quiere comunicarse contigo. Y esta mujer es una parte importante de lo que quiere comunicar." Tragué saliva. Marisela continuó. "Dices que la viste hoy en la calle."

"Sí."

"Y que la has visto en frente de Saks en tus visiones."

Asentí con la cabeza.

"Ya que la viste hoy cerca de Michigan Avenue, ¿no se te ocurre que no fue una coincidencia?"

¡Fue como prender la luz en un cuarto oscuro! La mujer de mis visiones, esta mujer rubia, la que hoy vi en la calle, ¡trabajaba en Saks!

"Sabes lo que tienes que hacer, ¿no?"

"Sí. Sí, lo sé." Mi voz me sonaba solemne.

Marisela me dio una palmada en la rodilla.

SEGMENTO 7

SU NOMBRE ME SUENA

EL DÍA SIGUIENTE era domingo. Mi abuela fue a la iglesia con sus amigas y después a almorzar con ellas. Era su rutina dominical. Yo fui a la universidad para trabajar en el laboratorio. Mi profesor supervisor nos dio una fecha límite para terminar unos análisis y a mí me tocaba la primera parte. Quería adelantar. Así soy. No soy uno de esos que lo hace todo al último momento. Trabajaba en la computadora cuando sonó mi teléfono. Era Bobby.

"Hola. ¿Qué hubo?"

"Nada. Solo quería checar si estás bien." Noté un poco de seriedad en su voz. "Me diste un susto ayer."

Me dio cierta alegría pensar que se preocupaba por mí.

"Estoy bien," dije. "Gracias por checar."

"¿Qué haces hoy?"

"Estoy en el laboratorio, trabajando. ¿Por qué?"

"Pues," dijo, "si quieres tomar un descanso más tarde podemos ir a tomar un café o una cerveza."

Se me ocurrió una idea.

"Tengo que hacer un mandado en Michigan Avenue," dije. "¿Quieres ir conmigo?"

"Dime dónde y cuándo."

Quedamos en encontrarnos en la parada del "El" en la Avenida Chicago para las dos de la tarde. Llegué yo primero y esperé unos cinco minutos. Luego llegó Bobby. Nos abrazamos.

"¿Qué necesitas hacer?" me preguntó cuando empezamos a caminar hacia Saks. No sabía qué decirle ni cuántos detalles quería darle. Escogí mis palabras con cuidado.

"Tengo que buscar a una mujer," contesté. Me preguntó quién era. "No sé," le dije. "Es una situación un poco rara." Le dije que la vi el otro día y que me daba la sensación de que tenía que conocerla.

"¿Fue cuando entraste en el trance?"

"Pues, sí," respondí, "pero no sé si yo diría 'trance.'"

Bobby se detuvo en medio de la acera. "Daniel, sé lo que vi. Fue un trance." Puso una mano en mi hombro. "Fue igual que el otro día cuando primero nos conocimos. ¿Hay algo que quieres decirme?"

Disimulé. "No. Nada."

Bobby quedó mirándome. "Mira. Yo sé lo que vi ayer. He visto esa cara en varias ocasiones. Tu expresión fue igual a la que veo en la cara de mi tía cuando ella entra en uno de sus trances."

Lo miré con incredulidad. ¿Su tía entraba en trances? Bobby suspiró.

"Sé que acabamos de conocernos pero no tienes que disimular nada conmigo. Daniel. Quiero que nos conozcamos más. Quiero que hablemos y que seamos honestos, el uno con el otro. Puedes confiar en mí."

Lo miré a los ojos. Quise creer lo que decía. La verdad era que quería confiar en él, decirle lo que me pasaba. Si íbamos a tener una relación, no quería ocultar nada.

"Mira," le dije. "Vamos a Saks ahora. Después te lo cuento todo." Bobby me estudió unos segundos y luego dijo okey. Seguimos caminando.

SAKS NO ES el tipo de lugar que frecuento. Heredé un poco de dinero con la muerte de mis padres por sus pólizas de seguros. También los abogados me ganaron un poco de dinero por parte de los seguros de las personas que mataron a mis padres. Todo ese dinero quedaba en el banco. Para mí, comprar ropa quería decir ir al Gap. Llevaba una vida sencilla con mi abuela y guardaba el dinero para el futuro. Así que entrar a Saks era como entrar a otro mundo para mí. La gente vestía ropa de diseñadores. Las mujeres andaban bien maquilladas. Y claro, casi todo el mundo era blanco. Salvo Bobby y yo, no vi a otros latinos en el lugar.

"¿Cómo es la mujer?" me preguntó Bobby.

"Rubia," respondí. "Con pelo hasta los hombros. De entre cuarenta y cincuenta años. Estatura regular."

Bobby miró a la gente. "Pues, acabas de describir a la mayoría de las mujeres aquí."

"Creo que trabaja aquí. Seguramente lleva una etiqueta."

Bobby me miró. "Dices que no la conoces pero sabes cómo es y que trabaja aquí."

"Ya te dije. Te lo explico después. ¿Me ayudas?"

Bobby asintió con la cabeza y los dos empezamos a ir de sección en sección de la tienda. Primero pasamos por maquillaje, explorando a las personas que trabajaban detrás de los mostradores. En un momento Bobby me dio un codacito.

"¿Es ella?" Indicó a una mujer maquillando a una cliente. La miré.

"No," dije. "Su pelo es demasiado corto."

Seguimos. Pasamos por joyería. Nada. Cuando llegamos a la sección de bolsas, detuve a Bobby. Indiqué con mi cabeza.

"Es ella."

Detrás del mostrador, ordenando unos papeles, estaba la mujer de mis visiones. Hacía su trabajo, como los demás, sin prestar atención al mundo que la rodeaba. Parecía tranquila. A diferencia de mis visiones, ningún riachuelo de sangre corría por su cara.

"¿Estás seguro?" preguntó Bobby.

"Sin duda," respondí.

"¿Qué vas a hacer?"

"Espérame aquí," le dije. Me acerqué al mostrador. La mujer me vio y dejó lo que hacía. En su cara, en sus ojos, noté la misma expresión que vi en mis visiones. Tristeza. Remordimiento. Me habló.

"¿Se le ofrece algo, señor?"

Tomé la oportunidad de echar un vistazo a su etiqueta. Suzanne Coxon. ¿Por qué me sonaba ese nombre?

"Gracias, no", respondí. Y luego algo me empujó. "Disculpe, pero se me hace que la conozco de alguna parte."

"No creo," dijo.

"Pues, será mi imaginación. Que tenga buen día." Regresé a donde estaba Bobby.

"¿Qué pasó?" preguntó.

"Bueno. Por lo menos ahora sé cómo se llama. Pero es curioso." Bobby me preguntó qué. "Su nombre me suena. Pero no sé por qué."

"Ya verás," dijo Bobby. "Esta noche vas a estar en tu cuarto, leyendo o estudiando. O pensando en células y experimentos. De repente, se te ocurre por qué te suena."

Espero que sí, pensé. Bobby me preguntó si quería ir ya a tomar algo y le dije que sí. Salimos de Saks pero mientras caminábamos apenas oía lo que Bobby decía. Pensaba en la mujer y su nombre. Suzanne Coxon. ¿Por qué me sonaba ese apellido?

SEGMENTO 8

EL MUNDO ES UN PAÑUELO

INVITÉ A BOBBY a cenar en mi casa. Quería que mi abuela lo conociera. Ella tiene buen ojo para las personas. Al conocer a una persona, puede determinar su carácter en el momento. Dice que es un talento que heredó de su mamá. Confiaba en que ella me dijera si mis primeras impresiones de Bobby eran válidas.

Cuando entramos a la casa, mi abuela salió de la cocina y nos recibió. Bobby le extendió la mano.

"Es un gusto conocerla," dijo. Con las dos manos, mi abuela agarró su mano y lo miró a los ojos.

"Es un placer. Bienvenido a nuestra casa."

"Gracias, señora."

"Lito, lleva a Bobby a la sala y les sirvo algo para tomar." Mi abuela guiñó el ojo y lo recibí como una indicación de que Bobby le caía bien. Sonreí.

"A propósito," dijo mi abuela, "tenemos otra visita."

Bobby y yo pasamos a la sala. Como el día anterior, encontré a Marisela sentada en la misma silla.

"Hola, Marisela," dije. Cuando fui para darle un beso vi la sorpresa en su cara. Miré a Bobby quien tenía la misma expresión.

"¿Tía?" dijo Bobby. "¿Qué haces aquí?"

"Yo te puedo hacer la misma pregunta," dijo Marisela. Me miró a mí y luego a Bobby de nuevo. "¿Ustedes son amigos?"

"Pues, sí," dijo Bobby. Se dirigió a mí. "Marisela es mi tía. Te hablé de ella antes."

Me acordé de lo que me dijo Bobby en la calle. *He visto esa cara en varias ocasiones. Tu expresión fue igual a la que veo en la cara de mi tía cuando ella entra en uno de sus trances.* ¡Hijo!

"¿Hablabas de mí?" preguntó Marisela. Pero antes que Bobby pudiera contestar mi abuela entró con una bandeja de vasos con té helado. Cuando miró las expresiones de sorpresa y seriedad en nuestras caras se detuvo.

"¿Pasa algo?"

"Abuela," dije, "no lo vas a creer. Bobby es el sobrino de Marisela."

Mi abuela acomodó la bandeja en una mesa y puso sus manos en las caderas.

"Pues, ¿ven? El mundo es un pañuelo." Y sonrió. Con esa sonrisa se rompió el hielo y todos soltamos una risita.

"Tienes razón," dijo Marisela. "No es algo que yo esperaba." Miró a su sobrino. "¿Cómo se conocieron?"

Bobby explicó que nos conocimos en la calle hace unos días cuando tuve una visión.

"Y tía," añadió Bobby, "su cara tenía la misma expresión que tienes cuando entras en un trance."

"Okey," dijo mi abuela. "Parece que tenemos mucho que hablar."

MIENTRAS COMÍAMOS, MARISELA nos contaba de cómo llegó a aceptar su habilidad especial.

"Al principio no sabía qué hacer," dijo, "pero, poco a poco, entendí que era algo que podía ayudarme en la vida. Eso o ayudar a otros."

"Sí," dijo Bobby. "Una vez mi tía ayudó a la policía a resolver un crimen."

Yo estaba muy interesado. "¿Sí?"

"Bueno," dijo Marisela, "era un caso de una chica que había desaparecido. Sus padres estaban desesperados. Cuando supieron de mí, vinieron a mi casa a pedir ayuda. Me mostraron una foto de la chica y en ese momento tuve una visión de un edificio y el número de la calle." Escuchaba yo con mucha atención. Empecé a pensar que mi habilidad no era tan extraña como antes creía.

"Pasaron la información a la policía y encontraron a la chica en el edificio con ese número en el sur de Chicago. La pobre había sido secuestrada."

Mi abuela hizo la señal de la cruz. Hubo una pausa en la conversación y luego Marisela se dirigió a mí.

"Daniel, ¿te acuerdas de lo que hablamos ayer?"

"Sí," respondí, echando una mirada breve a Bobby y luego a mi abuela. "Hoy fui al centro y busqué a la mujer en Saks. Bobby fue conmigo." Bobby sonrió ligeramente—una expresión entre la vergüenza y la culpa. "La encontré."

"¿Y?" dijo Marisela, sus ojos probando los míos.

"Bueno, por lo menos sé quién es. Se llama Suzanne. Suzanne Coxon." Antes que pudiera decir que me sonaba su nombre, todos nos dirigimos hacia mi abuela. Había dejado escapar un respiro de sorpresa y tapaba su boca con la mano.

"¿Qué pasa, abuela?"

Me miró con una expresión seria.

"¿No te suena ese nombre?"

"Pues, sí," dije, "pero no sé por qué."

Asintió con la cabeza. "Claro. Eras muy joven y a lo mejor has intentado borrar las memorias."

"¿Memorias? ¿De qué?"

Mi abuela miró a Marisela y luego me miró a mí pero no dijo nada.

"Abuela, ¿qué quieres decir?"

"El destino es algo que no podemos evitar. Mira lo que pasa con Bobby," dijo. "Lo conociste en la calle el otro día cuando tuviste una visión. Marisela aquí es su tía. Ustedes dos tienen eso en común. Tener visiones, quiero decir. ¿No crees que eso es el destino?"

"Sí, es una coincidencia, abuela—"

"¡No!" dijo. "¡No es una coincidencia! Es mucho más que eso." Y luego agarró mis dos manos y me miró a los ojos.

"Suzanne Coxon estaba con el señor que causó la muerte de tus papás."

"What. . . ?"

Mi abuela miró a los demás antes de volver a mirarme a mí.

"Es la mujer del señor."

Me quedé con la boca abierta. Intenté formar palabras pero no pude. Marisela habló.

"Tuviste razón, Adela. El mundo es un pañuelo."

Bobby silbó. Luego dijo, "This is just weird."

SEGMENTO 9

FUI YO

AL DÍA SIGUIENTE apenas pude contener las ganas de buscar a Suzanne y hablar con ella. Tan pronto como terminé mi trabajo en el laboratorio fui a la Avenida Michigan. Justo cuando llegué a Saks, Suzanne salía.

"Disculpe," le dije, "pero usted es Suzanne Coxon." Me miró con una mezcla de duda y sorpresa.

"Sí," respondió. Y luego su cara cambió para indicar cierta comprensión. "¿No te vi el otro día?

"Tiene buena memoria," respondí. "¿Podemos hablar?"

"¿Sobre qué?"

Mirándola a los ojos dije, "Es una larga historia. Pero creo que tiene que ver con su marido. Y la noche cuando murió."

Estaba visiblemente alterada.

"Mire," continué, "como he dicho es una larga historia. ¿La invito a tomar algo? Ya son las cinco. ¿Un vino?"

"No. . . no sé," dijo.

"Entiendo su vacilación," dije, "pero le juro que no soy uno de esos locos que andan por las calles y no tengo ninguna intención de causarle daño." Ofrecí una ligera sonrisa. Me estudió unos segundos, tratando de evaluarme, de ver si de verdad no ofrecía yo peligro. Por fin habló.

"¿Cómo te llamas?"

"Daniel. Daniel Peña."

"Peña," dijo, su voz solemne. "Es un apellido bien grabado en mi memoria." Me miró por unos segundos, estudiándome de nuevo. "Okey," dijo finalmente. "A la vuelta hay un café-bar."

Después de unos minutos estábamos sentados en el bar del café, ella con un Martini y yo con una cerveza.

"Mi abuela fue quien me dijo que su marido manejaba el carro la noche en que mis padres fueron matados," dije.

"¿Y?" Suzanne se tomó un sorbo. Noté cierto nerviosismo en sus acciones.

"Esta parte es difícil de explicar. Espero que no se asuste." Me acomodé en la banqueta. No había otra manera de hacerlo sino decirle claramente lo que pasaba. "Es que, recientemente he tenido visiones de usted."

Se frunció el ceño. Continué. "Las visiones empezaron la semana pasada. Primero no fueron nada. La vi caminando en Michigan Avenue. En la primera visión vi Saks al fondo. Por eso deduje que trabajaba allí." Tomé un sorbo de cerveza. Ella no me quitó la vista. "Algo me dijo que tenía que conocerla. Luego, las visiones cambiaron. La vi con sangre en la cara, corriendo por la frente y la mejilla."

"Disculpa, Daniel, pero esto me parece bien raro. Esto de visiones y—"

La interrumpí. "Entiendo. Entiendo. Pero escúcheme, por favor." No dijo nada y lo tomé como señal para continuar. "No sé si usted cree en el destino pero algo en el universo quería que nos conociéramos. Y como su marido fue la causa de la muerte de mis padres, ¿no cree usted que es un poco raro que yo haya tenido estas visiones sin saber quién era usted?"

Suzanne bajó la vista y miró su Martini por unos segundos. Luego habló. "No sabes cómo he intentado olvidarme de esa noche, de lo que pasó." Cuando me miró sus ojos se llenaban de lágrimas. "Pero no he podido."

"Señora, quiero que usted crea que no quiero causarle daño. Y no estoy aquí para echarle a usted la culpa. Fue su marido quien causó el accidente." Puse mi mano en su hombro.

"No fue mi marido." Su voz era distante.

"¿Cómo?"

"No fue mi marido. Fui yo."

Me incliné para atrás. "No entiendo."

Suzanne tomó un buen sorbo de su Martini y limpió las lágrimas de sus ojos con la mano. "No sé nada de destino, Daniel, pero quizás tienes razón. Algo en el universo quiere que nos conozcamos, que hablemos. Necesito decirte lo que de verdad pasó esa noche." Hizo una pausa. Luego, mirando el Martini y haciendo piruetas ligeras con la copa, continuó.

"Manejaba yo esa noche. No mi marido. Él iba de pasajero. Estaba borracho e insistí en manejar." Yo escuchaba atentamente. "Empezamos a discutir en el carro. Yo lo sospechaba de engañarme con otra mujer. La discusión se convirtió en una pelea con gritos y golpes. Cuando fui a pegarle perdí control del carro. Es cuando choqué con el carro de tus padres."

No dije nada y no quité la vista mientras ella hablaba. Su mano empezó a temblar y dejó de tocar la copa.

"Mi marido bajó del carro y los dos vimos con horror el camión que dio con el carro de tus padres. Bajé del carro también cuando otro carro dio con mi marido y lo arrastró no sé cuanta distancia. Grité. Ellos no pararon." Se tomó otro sorbo. "Cuando llegó la policía, no había testigos y dejé que creyeran que mi marido causó el accidente."

Entonces, Suzanne se desplomó en un chorro de lágrimas y sollozos. "Lo siento. Lo siento," dijo. Levantó la vista y me miró a los ojos. "No sabes la mezcla de tristeza y culpa que he cargado todos estos años."

No sabía qué decir. Adentro, sentí confusión. Hubiera sentido cierta animosidad hacia ella. Por la mayor parte de mi vida había vivido sin padres. Una parte de mi corazón había desaparecido cuando murieron. ¿No era lo suficiente para odiar a esta mujer? Pero en ese momento, una voz de no sé dónde me habló: *Perdónala, Daniel. Ha sufrido mucho. Uno no puede vivir en el pasado.* Sin pensar más, me incliné y la tomé en los brazos.

"¡Perdóname! ¡Perdóname!" dijo entre sollozos.

"Shhh, shhh," contesté. "Está bien. Todo está bien."

Suzanne siguió llorando. Mientras la abrazaba, tuve una visión. Ella. En la bañera. Con una navaja. Su cara sin expresión. Desprovista de emoción.

La imagen se evaporó. Suzanne no dejó de sollozar, como un niño en los brazos de un padre. *Perdónala, Daniel. Ha sufrido mucho. Uno no puede vivir en el pasado.* Luego algo pasó que no había experimentado desde que mis padres murieron. Lo sentí primero en mi pecho, una sensación profunda y desconocida. Luego subió—algo que tomaba control de mí, de mis pensamientos, de mis emociones.

Una lágrima cayó de un ojo. Y luego otra. Y otra. Con Suzanne entre mis brazos, empecé a llorar.

EPÍLOGO

DESPUÉS DE HABLAR con Suzanne, hablé con Marisela. "Necesita su ayuda," dije. Le describí lo que había pasado, incluso la visión que tuve.

"Entiendo," dijo Marisela. "Lo has perdonado pero ella necesita perdonarse a sí misma."

Normalmente las curanderas trabajan con enfermedades físicas pero algo me dijo que Marisela podía ayudar a Suzanne. Estaba contento y la verdad es que la muerte de mis padres había ocurrido hacía mucho tiempo. Yo no podía cargar ningún resentimiento hacia nadie. *Uno no puede vivir en el pasado*. Era hora de que Suzanne entendiera lo mismo.

Bobby y yo seguimos viéndonos. De todo lo que más me impresionaba de él era que no pensaba nada de mis visiones. Quizás por su tía, él las aceptaba como una parte normal y corriente de la vida. Eso me gustaba mucho. Un día, mientras caminábamos hacia la parada de autobús, se paró y me dijo, "Te quiero, Daniel."

Y yo, sin vacilar, respondí, "Y yo te quiero a ti."

Un día me llegó una carta de la Universidad de Illinois en Urbana-Champaign. Me aceptaron para el programa graduado del desarrollo biológico de las células. Mi abuela sonrió pero detrás de su sonrisa pude ver cierta tristeza.

"Abuela, sabes que estaré solo a dos horas de Chicago."

"Sí, sí. Lo sé." Y luego añadió, "Esperaba este día. Ya eres hombre. Tienes que crear tu propia vida." Nos abrazamos de manera fuerte.

"¿Y qué vas a hacer con Bobby, entonces?" preguntó. Justo en ese momento mi teléfono me dio señal de que llegaba un mensaje de texto. Lo miré. Era de Bobby.

> Noticias. Me aceptaron en UIUC en el MFA de diseño gráfico. ¿Tienes noticias de tu programa?

Sonreí al ver el mensaje. Más y más creía en el destino. Respondí a Bobby.

> También tengo noticias. Vamos a cenar. Te lo cuento todo.

Esa noche, en mi cama, revisaba todo lo que había pasado últimamente: las visiones, Marisela, Bobby, Suzanne, UIUC. Mientras miraba el techo pensando en cómo mi vida había cambiado radicalmente una segunda vez, tuve una visión de un chico. Quizás de mi edad, quizás un poco menor. Estaba en un monte mirando hacia el mar. No llevaba camisa. Fue la primera vez que durante una visión también oí una voz. Fue suave y dijo una sola palabra, un nombre.

Diego.

No sé qué quiere decir esta visión pero los eventos recientes me enseñaron algo: el universo es un misterio y probablemente un día iba a conocer a este Diego tal como había conocido a Suzanne. Mientras tanto, el futuro inmediato me llamaba. Al final del verano, me mudaría a Champaign para empezar una etapa nueva en mi vida.

Pero no iría solo.

FIN

ABOUT THE AUTHOR

BILL VANPATTEN IS an International Superstar and Diva of Second Language Acquisition. He was professor of Spanish and Second Language Acquisition for three decades before dedicating himself fulltime to writing. You can read more about him at sites.google.com/site/bvpsla.

ACKNOLWEDGEMENTS

THANKS ARE DUE to the usual people who inspired me to keep on writing:, especially Daniel Trego, David Wiseman, and the many students who have enjoyed the other works in this series. I would also like to thank Carmen Cañete Quesada, Scott Tinetti, and David Wiseman for their proofing. And thanks to Murphy, my wonderful dog who passed away last year. I have no one to bounce ideas off of now and I miss you terribly . . .

Made in the USA
Monee, IL
01 September 2022